Die LYRIKEDITION 2000 wird herausgegeben von
Heinz Ludwig Arnold

Das Buch

»Gleich rutscht ein Gedicht mit durch«, heißt es einmal bei Hugo Dittberner, und in derart artifizieller Beiläufigkeit entstehen immer wieder sprachliche Momentaufnahmen von großer Wahrnehmungstiefe. Der Titel seiner Gedichtsammlung »Ruhe hinter Gardinen« beschreibt den Ort, von wo aus die poetischen Exkursionen unternommen werden. Es ist ein Beobachtungsposten mit variabler Blickrichtung und der Möglichkeit, sich zu zeigen und zu verstecken. Nichts, was sich von diesem Fenster aus erkunden läßt, bleibt unbemerkt: ein Luftballon, der sich frühmorgens in einer Hecke verfängt, Nachbarn, der Hausmeister, der Briefträger oder eine unerreichbare Frau gegenüber. Der ländliche Frieden, der über vielen von Dittberners Gedichten liegt, kann aber auch trügerische Fassade sein, Indiz für die Isolation des Subjekts im Alltag.

Der Autor

Hugo Dittberner, 1944 in Gieboldehausen bei Duderstadt geboren, studierte Germanistik, Geschichte und Philosophie in Göttingen. Er promovierte 1972 mit einer Arbeit über Heinrich Mann. Dittberner veröffentlichte Romane, Erzählungen und Gedichte und lebt als freier Schriftsteller in Niedersachsen.

Hugo Dittberner

# Ruhe hinter Gardinen

*Gedichte 1971-1980*

LYRIKEDITION 2000

Dieses Buch erschien erstmals 1980 im Rowohlt Taschenbuch Verlag.

Die LYRIKEDITION 2000 ist ein Demand Verlag der Buch & medi@ GmbH, München. Dieser Verlag publiziert ausschließlich Books on Demand in Zusammenarbeit mit dem Hamburger Buchgrossisten Libri. Die Bücher werden elektronisch gespeichert und auf Bestellung gedruckt, deshalb sind sie nie vergriffen. Books on Demand sind über den klassischen Buchhandel und Internet-Buchhandlungen zu beziehen.

Weitere Informationen über den Verlag und sein Programm unter:
www.buchmedia.de

Oktober 2000
LYRIKEDITION 2000
Ein Demand Verlag der Buch & medi@ GmbH, München
© 2000 Hugo Dittberner
Umschlaggestaltung: Bauer+Möhring, Berlin
Herstellung: Libri Books on Demand
Printed in Germany · ISBN 3-935284-04-7

# I. Ein Teil der persönlichen Geschichte

Es gab Erdkundestunden,
als ich zur Schule ging,
da nahm niemand die Hände
aus den Taschen.
Überall lagen Atlanten verstreut;
vorn an der Karte zeigte der Lehrer
irgendwohin in Asien.
Bilder zogen vorbei.
Alle hörten zu und atmeten.
Wenn es ein Paradies gibt auf Erden –
und andere Zitate.
Es schellte, die Stunde war zuende.
Niemand zog die Füße zu sich;
keiner kannte das Thema.

## Top Twenty

Kennst du Chris Farlowe 1966,
als er sang, da sang er,
ein weißer Schwarzer Out of Time?

In jedem Lied hieß es:
Crying, Crying; aber das
war noch viel früher.

Und wir kannten Tennessee,
Städte irgendwo in den USA,
wie offenstehende Messer.

## Bauarbeiter

Dort lehnen sie am Mischtrog bei diesem schönen Wetter,
mit nackten Oberkörpern, von unserer nördlichen Sonne
dunkelbraun gebrannt.
Sie wohnen zu acht in den kleinen Waggons dahinten,
auf acht Pritschen und vor einem Farbfernseher.
Sie tragen alle einen Schnurrbart
und nach Feierabend goldene Ringe.

Wenn unsere alten, ausrangierten Krankenschwestern
in den 13stöckigen Neubau einziehen,
in einigen Wochen bei diesem Tempo,
können sie noch mit einem Fernrohr unsere Gäste beobachten:
wie sie ihre Leinen und Waschtonnen zusammentragen
und lachend reden; ihre deutschen Kollegen
haben die leeren Bierkästen neben einem
zerbeulten Auto stehenlassen
und sind für ein paar Tage nach Hause gefahren.

## Lehmann trifft keine Schuld

In einer eisigen Nacht
ist Lehmanns Frau gestorben.
Sie wurde
auf dem Nachhauseweg
aus einem Lokal
vergewaltigt
und mit ihrer Unterwäsche
erwürgt.
Zwei Jahre hat Lehmann
mit seinem Schäferhund
den Mörder gesucht.

## ABENDSTILLE, ÜBERALL

Die weißen Blüten der Obstbäume,
wie sie im Wind schweben
vor einem riesigen Abendrot,
todesschön, eine Abblende
aus dem Leben, ich weiß
nicht, aus welchem, aber ich bin dabei;
neben meinem Radio sitzend, obenauf,
zu einer lässigen Melodie, die ich
die Nachbarn mithören lasse, etwas zu laut,
aber friedlich, niemand murrt.
Die Motoren der Autos in den Straßen
unter meinem Fenster dröhnen leise, unaufgeregt;
mildgestimmte Maschinen, beherrscht
von ruhigen Händen, hinter gleißenden Lichtern,
die in die Ferne geworfen werden:
vielleicht ist es das, vielleicht
die Schönheit überhaupt, vielleicht
die versöhnlichen Vogelstimmen oder
eins von den andern »vielleicht«, die weh tun.
Ich kann es nicht fassen:
es ist etwas, das durch mich hindurchgeht und,
wenn es wieder draußen ist, nichts mehr
von mir weiß. Ein Gerede unter Freunden.
Eine Bimmelbahn auf einer Insel: jede Sekunde
freut sich ein anderes Kind.
»Der Abend kommt« hieß es früher.
Ich möchte das wieder hören und weinen,
weil ich nicht mehr raus darf: dabei
habe ich nie geweint.

## Ein Teil der persönlichen Geschichte

Da liegen sie, durch die der Wind
ungehemmt fuhr, streng zur Gänsehaut
und zu empfindsamen Stellen:
einst glatt und fest über den Schenkeln,
jetzt brüchig und eingerollt auf dem Sofa.

Da liegen sie. Das Bekenntnis auf
den Hüften. Die Hinternparade; das Schau-
fenster zur Welt. Ein Blau, hell-
gewaschen und angefaßt an jedem Fleck.
Das Teilbare meiner Erfahrungen. Ich?

Das große Ja. Die selbstsichere Silhouette,
vom Lagerfeuer her. Das I-Tüpfelchen
allgemeiner Utopie und Reklame: mein Exemplar
der erfolgreichsten Hosen aller Zeiten,
die alten Jeans, da liegen sie.

## Die Stille von Ozeanen

Von großen und kleinen Kriegen singt er.
Er singt auf Englisch.
Ich überlege lange mit ihm;
wieviel Jahre insgesamt haben Kriege
gekostet?
Läßt sich die Erde mit Gefallenen
decken?
Wieviel Liter Blut faßt die Erde, grob?
Wann platzen unsere Köpfe
vor Scham?

Liebevoll, unschuldig, nachdenklich
singt er im nächsten Lied:
naked women,
nackte Frauen: nackte Weiber.
Ich kann nicht denken seitdem.
Ziehen wir in den Krieg?

## Unter alten Bekannten

Mutter und Tochter an der Abendkasse.
»Zweimal Sperrsitz«, sagt die Tochter und lächelt.
Gleich rutscht ein Gedicht mit durch:
ich brauche auch einen Freund!
Die Tochter sucht in ihrem Portemonnaie zu dem
Zehnmarkschein das Kleingeld,
für ENDSTATION SEHNSUCHT;
mit Vivien Leigh, Marlon Brando, Kim Hunter: STELLA,
KOWALSKI DER POLLACK, BLANCHE DU BOIS
   (der weiße Wald);
MITCH: Karl Malden.
Fünf Oscars und den Pulitzerpreis
1951.
Vielleicht vor der Geburt der Tochter,
die ihre Mutter einlädt (oder aus deren Portemonnaie zahlt),
noch nicht angegraut und im Trenchcoat.

Ich will ganz dabei sein,
denke ich.
Die Kassiererin lächelt; und der Filmvorführer,
der in der Tür lehnt.
Mutter und Tochter sehen sich um.
JA SO SIEHT EINER AUS DER AUCH
»HEY STELLA« BRÜLLEN KÖNNTE!

Das Publikum ist zu jung; ich schäme mich,
als es losgeht mit diesen aufgedonnerten Sätzen
voller Gefühle,
bis ich es vergesse, weil sie
von Vivien Leigh gesprochen werden.
Und ich verstehe nun das Benehmen eines älteren
Professorenehepaars, Intellektuelle von damals,
warum manche Leute lachen,
als vom Wert des Seelenlebens die Rede ist –

und still dasitzen, als sich dieses Seelenleben
verwirrt.
Nach der Vorstellung, das »HEY STELLA«
in den Ohren, kurven die Autos zwischen
den Passanten mit kreischenden Bremsen
davon:
Wie zärtlich und brutal
waren nach dem Weltkrieg
die Menschen;
und wie sehr
     kam es
darauf an!

## Leben und Sport

Erwachsen geworden, wissen wir Bescheid. Wir
laufen nicht 10,0 Sekunden, springen nicht
8 Meter.

Das war nicht immer so.
Erinnert euch an den schmerzhaften
Augenblick, als einer sagte:
»Wer gegen dich verliert,
ist nicht gut!«

Wie alt wir waren?
Gerade keine Kinder mehr.
(In Rohübersetzung!)

## Unangefochten

Büchner hat viele Briefe geschrieben,
die mehr taugen als viele Gedichte;
u.a. einen am 16. Juli 1835,
den er beginnt:
»Ich lebe hier ganz unangefochten.«
Das ›hier‹ ist Straßburg,
und in Hessen werden seine politischen Freunde
gejagt und gefangen.

## Der längste Tag

Zeig mir den Platz
für meinen Kampf.
Die Spatzen sind erschossen.
Jetzt will ich die großen Taten.
Es ist fünf Uhr morgens, und so
beginnen die bedeutenden Tage:
Ein Gesicht voller kaltem Wasser
für meine Freunde, die wie ich
in Gedichten leben. Von hier
bis zu euch ist es einen Kanonenschuß weit –
das letzte war in Klammern gesagt;
ich knüpfe an den großen Ton
und Atem: ich huste;
kein Traum, das Frühstück
mit Cornflakes und Milch.
Die Vögel haben mich aufgeschreckt;
ich kann ihre Stimmen nicht
unterscheiden, aber sie kämpfen.
Der Wecker tickt laut
und aufgeregt: WIES DRINNEN AUSSIEHT,
GEHT KEINEN WAS AN!
Das ist nicht albern, das ist
das Leben, in Cinemascope,
das heißt: in langen Einstellungen.
In unseren Köpfen platzen
Atombomben von Gewinnen.
Ich träume, ich verliere ein Kind;
aber ich bin ein Mann,
der einen Karabiner mit einer Hand
abschießen kann und in der anderen
eine vietnamesische Frau zu Tode schleift.
Nein, ich hebe mich nicht auf
für das Landleben und einen 16-Stunden-
Leib in der Furche vor mir:

meine geliebte Frau, genährt
von unseren eigenen Früchten
und wieder eingeübt in den Geruch
nach saurer Milch. Aber die Berge
kommen näher, das dunkle Blau
lichtet sich zu einem Panorama,
in das meine Sehnsucht fließt, ich sage:
tröpfelt, denn matt bin ich vom freien Markt
der Lieblingsvorstellungen:
ich geh hinaus und schnaufe.
Drüben im Fenster erscheint
ein Todesschütze; er meint
nicht mich, aber ich
bin sein Opfer.

## Snooks Eaglin auf Platte

Ein blinder Neger: wie kommt er zu einer
so warmen Stimme, zu einer Traurigkeit
von Flugzeugen und Flußniederungen:
REMEMBER ME?

Wie schafft er das: wir saßen
zusammen, mit Achtzehn, stumm,
und hörten ALBERTA und leichthin,
bevor wir gingen und nach der Ankunft,
COUNTRY BOY. Wir hörten
später, mit Achtundzwanzig,
MALAGUENIA, lächelnd und froh: den
spanischen Stolz eines blinden Negers.

Was tut er: daß wir aufstanden, im Zimmer
auf und ab gingen, erwartungsvoll,
was wird aus uns, aber ruhig zugleich.
Selbst als einer von uns, nachts, während
eines Sommergewitters, gegen einen Bordstein
fuhr und sich das Genick brach –

heute: sitze ich da, höre all die Aufnahmen
und nippe an dem 80 %igen Stroh-Rum,
wie damals Sylvester, als wir alle mit
seinen Liedern aus dem Haus fielen,

todsicher: daß es wieder einmal
ein, zwei Stunden mit Snooks Eaglin
geben würde, seine tönende 12saitige
Gitarre, seine angebrochene Stimme, rauh
und sanft lallend, als wollte er nur
singen: vom Fortgehen und
Wiederkommen.

## Ein öffentliches Gedicht

Allerhand zu tun heute:
die Chile-Demonstration
FÜR ALLENDE! GEGEN DIE MILITÄRS!
das teach-in CIA IN CHILE AM WERK!
die Aktion RETTET LUIS CORVALAN!
Organisation,
alles an einem Tag;
und nicht genug.

Ich setze mich mit Schwung
an den Kaffeetisch
und zücke den Füller;
es knallt.

Drüben im Sonnenschein
schießt jemand vom Balkon
ein Foto von mir:
wie ich produziere,
den Kampf im Kopf
und vor Augen.

Vor der Haustür treffe ich ihn wieder.
»Was soll das?«
packe ich ihn.

»Die Universität«, sagt er
leise,
»sammelt Fotos ihrer Dichter!«

## DIE POST VERÄNDERT UNS
(Kleine Hommage an Charles Bukowski und Söhne)

Heute ist der 19. Februar 1976, 11 Uhr; im Radio
zieht Tom Jones alle Register, ich
gähne. Laß die Fürze unter der Decke, Mao!
Ich presse uns einen orangejuice.
Ich ziehe die Vorhänge weg. Unten
läuft der Briefträger durch den Nebel, im Zickzack
schwingt er seine Karre über die Straße, mit einer
Hand! Mit der anderen greift er sich einen Stapel
Briefe und fächert ihn in die Briefschlitze.
Schneller als die Hausfrauen ringsum begreifen.
Sie stehen nur da und wedeln mit den Gardinen. Jetzt
ist er an meinem Briefschlitz: Heh, rufe ich;
ich will Post! Aber es wird nur ein Hauch
auf der Scheibe, es ist Februar, und
der Briefträger ist eine Frau. UAH.

Da rattert meine Klingel!
Ich hätte nie gedacht, daß eine Briefträgerin
schön sein kann. Unten warst du so schwer
bepackt und zusammengedrückt. Ah, dreh dich
um, du bist Eilbotin, in einem eigenen Auto.
Wie hell du bist, deine Schulterblätter
könnten Flügel sein. Das ist natürlich
übertrieben, und ich mag keine Engel mit Sommersprossen!
Aber deine Backen sind sanft und rot
wie Schneewittchens Wangen, als sie bei den Zwergen
aufwachte. Du bist gar nicht sanft? Da
siehst du, wie oft ich Post kriege. Setz dich,
wer auf deinen Füßen steht, Größe 39:
Oh, der kann fallen. Leg deine Füße an meinen
Leib. Du warst schwer bepackt, und jetzt
bist du so leicht, wie eine Schneeflocke
auf der Herdplatte. Du bist schön, Eilbotin, dein Haar
kitzelt meine Nase. Ja, ich bin 1,96; aber sprich nicht
aus dem Mundwinkel, sonst verbrenne ich den Brief!

## II. Das Zittern im Alltag

HERAKLES LOGOTHETIS. Ich wähle deinen Namen
unwillkürlich, von der späten Liste der Toten
des November 1973 im Griechenland der Junta.
Du hast die Nummer 48; und bei deinem Namen
steht: geboren 1952, Student.

Ich sehe keine Bilder mehr von den Kämpfen
jenes November, auch wenn ich sie gesehen habe,
empört, im Fernsehen. Bilder werden von neuen
unmenschlichen Bildern gelöscht. Ich habe dich
gewählt, nachsinnend; weil dein Name energisch
und beschämend mit meiner Bildung spielt, mit dem
stolzen Teil meiner Vergangenheit. Der gewaltige
Held, nun der Macht des Wortes und der Vernunft
verbündet. Unbesiegbar durch List; kein Opfer
wütender Scheiterhaufen! Dies und viele Mathematik-
stunden höre ich in deinem Namen: den Frieden
in den Bäumen, draußen.

## Die Karriere junger Wissenschaftler

Sie lagern unter den Bäumen,
die ihr Grün aus den Ästen zaubern; es ist
einer der geräumigen Gärten, und es ist mild in ihnen,
andächtig: Ein neues Jahr beginnt. Sie denken zurück
an diesen Tag, wie sie hier historisch
glücklich sitzen; wie sie liegen und stehen,
jeder für sich, jeder mit seiner Karriere, und alle
zusammen in leisen Worten –
Aber sie werden verfolgt! Niemand liest
ihre Bücher, Briefe bleiben aus; die Nachbarn benutzen
das Telefon ihretwegen; ein Jüngerer bekam ihren
Lehrstuhl, und ihre Kinder werden
verachtet auf ihren Wegen nach Ozeanien. Irgendwann
schnappt sie ein, die Neurose, und sie lassen
Rülpser aus sich heraus, Wiederholungen,
die ihnen der Alkohol entlockt, bevor es
zuende geht. Sie schlafen im Mantel auf dem Flur,
in einer großzügigen Wohnung, aber das sind nicht
sie! Sie schlagen mit einem Faustschlag eine Frau
k.o., ach, es war die eigene! Sie fallen von der Couch
auf den Teppich und küssen die Füße ihrer Freunde:
Seid ihr nun zufrieden? Habt ihr es endlich
geschafft? Irgendwer blutet! Na und? Ein anderer
fällt die Treppe runter; alle möchten vom Balkon
springen. Aber das sind nicht sie! Nichts passiert.
Höchstens wird einem der Führerschein abgenommen,
auf der Nachhausefahrt.
Es ist, wie gesagt, ein milder Frühlingstag mit den ersten
Eiswürfeln in den Gläsern. Niemand schlägt sie, die Stimmen
klingen ruhig und kultiviert. Sie können sich gern
haben! Die Luft macht so jung! Und doch
ist dieser Ton da, diese nörgelnde Babystimme
in ihnen, bevor sie schrill wird. Was ist es, das sie
so treffen kann – als Person, d. h. als Zusammenbruch

ihrer Kräfte? Und trifft es sie alle gleich?
Kein Streicheln hilft, keine Demonstration, keine
politische Kleinarbeit; nur mehr von dem gekühlten
Alkohol, das Klingen der Eisstücke in den Gläsern.
Dabei machen sie sich nichts aus Alkohol, jeder
könnte jederzeit aufhören damit. Aber sie ertragen
einander nicht anders; denn es ist schwer, mit dem Wimmern
anderer zu leben. Diese Wiederholungen, in denen die Siege
zu Niederlagen werden. Dieses Lächeln zur Vorbereitung
der Tränen. Sie sind verloren ohne Alkohol.

## KLEINE NACHTMUSIK

Weiße Rosen stehen vor meinem Fenster,
als sollten sie erfrieren
oder doch in dem Geruch der Kartoffelfeuer
schwerer, nun ja, »atmen«.
Hast du jemals bedacht, daß wir in den Augen
unserer Väter Fremde ohne Hut sind?
In einem anderen Leben Personen
mit einem »zärtlichen Gefühlsleben«
(die lose Schwelle, der Tritt ins Leere).

Weiter hinten vor der Dämmerung
kreist ein Mückenschwarm,
die Passanten schlagen einen Bogen –
er erinnert mich an etwas,
das ich nicht in Gedanken
fassen kann.
(Trotz September, das heißt: trotz Herbst).
Vielleicht weil in diesem Abend
der Wind fehlt.

Der erste Rauch steht in den Schornsteinen,
genau ein Leben lang; diese Träume
fehlen in dem Telegramm, das ich wieder
nicht abschicke, (immer »leiser« werdend)
immer selbstverständlicher.

# Ein Nachmittag zwischen dem Hausmeister und mir

Tennis im Fernsehen; draußen kehrt der Hausmeister
den Hof. »Ja, so ist das!« ruft er mir zu und
winkt mit dem Besen. Eine Japanerin fährt
auf dem Fahrrad vorbei und lächelt ein fernes
Lächeln. »Weg!« ruft der Hausmeister
und scheucht vier Hunde vom Hof, die mit ihren Besitzern
unter den Bäumen herumtollen; der Wind rauscht in den
    Bäumen.
Im Fernsehen führt Orantes; der Oberschiedsrichter schlichtet
einen Streit: ein Däne im Davis-Cup Deutschland-Spanien.
»Rasen wäre mir lieber!« ruft mir der Hausmeister zu.
Weil ich so geduldig am Fenster stehe. »Wieso?« rufe ich
zurück: »Der müßte gemäht werden!«
Der Hausmeister hebt eine Banane auf, schön gelb und wie neu.
»Diese Kinder!« ruft er; ein Lehrer geht vorbei
mit einem Blumenstrauß; eine Frau geht vorbei mit einem
Blumenstrauß. Nanu! Was ist los, wohin wollen
die Blumensträuße? In Düsseldorf regnet es jetzt,
das Match wird abgebrochen. In Göttingen scheint noch
die Sonne. Was versäume ich heute alles, hier, untätig
am Fenster. »Ich rieche gern frisches Gras!« ruft der
    Hausmeister;
und er steht da unter den bewegten Bäumen, fertig mit dem
    Fegen.

## SONNTAG, 17. JUNI 1973

Gleich Fünf;
ein schöner Tag hat begonnen:
vor der Politik,
lieber Freund.
Draußen schwärmen die Vögel,
während du schläfst, nebenan.
Einen selbstgerechten Schlaf.
Wie leicht, wie leicht
war es, mich wachzuklingeln
und stumm an mir vorbeizugehen,
dich ins bereitete Bett zu legen.
Vor einer Stunde.

Nun bin ich wehrlos geworden
gegen meinen Zorn
und setze dir:
dies vorläufige Grabmal.

## Anfang einer Geschichte als Gedicht

Das erste,
was mir mein neuer Hauswirt,
ein 75jähriger Unternehmer,
sagte, war:
In diesem Haus wohnen
nur Pensionäre und Rentner –
und wenn Sie ruhig leben wollen,
so ist das die richtige Wohnung
für Sie;

Und ich dachte:
So fangen Kriminalromane an
oder sozialkritische Reportagen.

## ÜBERALL FRONTEN?

Weißt du, was du hier liest?
Ein Gedicht, gewiß.
Mich, meinetwegen.
Aber du liest vor allem den kleinen, schüchternen, verzweifelten
Versuch, aufzutauchen:
aus Hunderttausenden von Gedichten,
aufgeschriebenen und nicht aufgeschriebenen,
aus Strömen von Metaphern
– oft berauschenden und mächtigen –,
aus Reizwörtern, Unverständlichkeiten und Schlagzeilen,
die alle Aufmerksamkeit fordern;
du liest den kleinen, verzweifelten Versuch
zu sprechen,
unverkrampft eigennützig,
aber auch nützlich für dich, vielleicht,
oder schön
in einen Nebensatz;
du liest den kleinen Versuch,
Recht zu haben
gegen alle anderen Gedichte,
ohne sie zu verraten.

## 31. August

Vor meinem Fenster schwebt ein gelber Luftballon,
tupft auf den Rasen, schwebt weiter.
Meine Uhr zeigt Sechs. So früh!
denke ich und sehe in das dunkle Blau
des Spätsommermorgens.

Da verfängt sich der Ballon
an einer Hecke, tanzt
an ihr entlang,
nicht mehr leuchtend, nicht mehr prall:
ein ganzer Kindernachmittag.

## NACHDENKEN ÜBER BRECHT

Wenn ich seine Sprache
so behaglich über die Seiten spazieren
lese;
hier und da Früchte einer eckigen Jugend
aufsaugend …

Wieviel Hosen hat Brecht verbraucht,
als er seine Gedichte schrieb,
diese großväterliche Kühle zu schaffen,
bekannt mit den Gepflogenheiten
des Wassers und der Wolken,
saß er gesättigt auf wie vielen Frauen?

Nachlässig blättert er Gefühle auf,
eingefroren in lateinischer Sprache
und sparsamen Witz.
Wie lebte ein solcher,
war er enttäuscht wovon;
oder wußte er nur alles?

## Elegie in den leeren Strassen

Ich bin traurig, ich schreibe eine Elegie
für euch: ihr in euren Sanatorien, bleich
und hinter Glas, unsterblich. Kommt
ein bißchen näher, heraus aus den verordneten
grünen Lungen mit Liegestütz und Trimm-Pfad.
Ich töte euch nicht, ich reiße euch nur
die Schrittmacher aus der Brust und stehle
euch die braunäugigen und dicklippigen
Analytiker, die euch so gern einbalsamieren
in ihre kostspielige Liebe: das heißt Fitness
und Rentenerwartung. Kommt raus
in den ungesunden Geruch einer Straße!
Lest ein warmes Gedicht, leichtsinnig und
ohne Getue, spürt den gewaltigen Aufprall
eines Fußballs auf einer Scheibe: O blitzender
Moment des Krachs in der erholsamen Stille;
riecht die verbotenen kleinen Mädchen
mit ihren Mösen und jungen Achseln; hört das endlose
Anlassen eines schweren Motorrads; ruft die
Polizei; wehrt euch; schmeckt die Tränen der
Greise! Kommt: seht die Zärtlichkeit der
Spatzen vor den Pfützen im Frühjahr …

## Das Zittern im Alltag

Seit meinem 30. Geburtstag
habe ich Zeit,
in meinen Lieblingsbüchern
Kraft zu finden.

Nicht mehr ertappt zu werden
bei einem Gefühl und
gegen das schnelle Gelächter
wehrlos.

Sicher: es ist ein unscheinbarer
angelsächsischer Alltag,
den ich liebe: Klaviermusik
aus geöffneten Fenstern; Vogelstimmen
in jahrhundertealten Bäumen;
Mittagsstille in den Straßen
(auf des Messers Schneide);
das Lachen am Abend.

Ein Alltag, eine Sehnsucht.
Ohne Namen manchmal.
Das Aufklatschen der Wellen
vom fernen Pazifik.

## An diesem Abend bin ich rein

Ich knipse das Licht aus, vorhin
beim Abendbrot sagte ich mir noch schnell
den Vers: Vollmundig
zu den Rosen sprechen; dann mußte ich
mir die Hände waschen.

Oh, es geht wieder. Mit kräftigen Rucken
ziehe ich das Rollo hoch, an dem immer
der Wind zerrt. Jetzt
höre ich überall draußen
Türenschlagen, Orkanböen,
die Küsten verheeren können.
Hinter dem Fenster flackern die Lichter
im entfernten Dunkel, wie Kinder
mit ihren Laternen,
die laufen.

III. UNTERWEGS LERNEN

## Ruhiger Tag

Auf einer felsgrauen Bank
sitzt ein Schwarzer mit Bart, die Beine übergeschlagen,
so daß seine weißen Socken zu sehen sind.
Er schiebt ein Törtchen in den Mund, kaut
gleichmäßig, spült mit einem Schluck Milch hinunter.
Und lehnt sich lächelnd in das wuchernde Grün
der Hecke hinter der Bank.

Ihm gegenüber an einem Baum lehnt ein staubiges Damen-
fahrrad, mit einem Rucksack an der Lenkstange.

Einige Meter daneben sucht eine Frau, wer weiß wie alt,
in einem geblümten Kittel, unter den Bäumen den Boden ab.
Ihr Haarknoten bückt sich, sie sammelt,
vielleicht Beeren, vielleicht Pilze.

## Gute Menschen unterwegs

»Sie sind ein guter Mensch!
Das habe ich gleich gesehen«, sagte die weißhaarige
alte Dame mit den gletscherblauen Augen, fast blind,
als ich die Heizung auf WARM stellte;
»Ich liebe Grün, die Berge, Weiß, Wälder; mehr brauche
ich nicht«. Wir fuhren im Zug durch die Dämmerung.
»Haben Sie Familie?« fragte die alte Dame und schlug
ihre Beine unter einem grobgewebten Wollrock übereinander.
»Nein«, sagte ich. »Dann passen Sie auf sich auf!« sagte sie
und lächelte: »Ich fahre nach Börßum, wo ich vor 52 Jahren
    war;
nach meiner Hochzeit.«

»Könnten Sie mir in Kreiensen den Koffer aus dem Zug
heben?« »Ja«, sagte ich und lächelte. Wir sprachen
über Preise und abgelegene Dörfer, in denen man sich
einspinnt; sie zog ihre Handschuhe an und aus, ihre weißen
    Haare
rutschten unter dem Hut hervor, sie sah stürmisch aus,
unterwegs in einem Abenteuer, mit ihrem Regenmantel
in diesem schönen Maiabend; und zwischendurch
sprachen wir über gute Menschen wie wir,
denen man es ansieht.

## Baustil

Zum ersten Mal sah ich eine richtige Mauer
in einem Reisebuch. Dort stand erläuternd:
»Der mittelalterliche Mauergürtel
mit 88 Granittürmen
umschließt Avila.«

Und tatsächlich sieht man
acht Türme und siebzig Zinnen
und eine Kapelle
und ganz oben ein Kreuz.

Ich hatte vorher schon lange
an der Berliner Mauer gestanden,
sie war schäbig und sehr nah;
aber ich habe sie, so sehr
ich mich deswegen auch schäme,
nicht als Mauer anerkannt;
vielleicht, weil sie keinen Stil hat.

## Ein älterer Urlauber

Den bunten Hühnern sieht er zu,
wie sie im Gras picken.
Wie sie aufstieben.
Wenn der Hahn kommt,
herrscht Ordnung.
So muß es sein.

Im Urlaub endlich ist er allein.
Daß er Kinder hat. Seine Frau –
ach, seine Frau.
Manche Wege geht er zweimal,
mit Bedacht.
Hier wäre die Wanderkarte zu verbessern.

Er ist ein überwiegend heiterer Mensch.
Den Frühstückstisch ordnet er nach
mit einem Scherz.
Gern spricht er über die Natur.
Dort wird das Schwache und Kranke
nicht künstlich erhalten.

Jeder sonnige Tag füllt ihn
mit Gesang.
Wo er hintritt,
klingt seine Stimme frei.
Er weiß sich mit der Natur im Bunde.

## Männer mit Tauben

Unten im Hof stehen vier Männer
und fassen in die Brieftaubenkörbe
(ich höre das Gurren!).
Sie lachen dabei: jeder greift
eine Taube heraus,
streichelt sie, hält sie stolz hoch,
sieht zu den anderen Männern
und prüft die Fußringe.

Während ich im Schrankspiegel
des Hotelzimmers
den Sitz meiner Hose prüfe,
setzen sie, alle vier, ihre Tauben
in einen anderen Korb.

## Eine Reihe von Festtagen

Ich sitze auf einem Sofa, am 2. Weihnachtstag
bei Freunden, morgens.
Jemand hat Geburtstag,
ein Sektfrühstück. »Zeig doch
die Bilder vom letzten Jahr!«
ruft einer, »Wir wollen sehen,
wie wir uns verändern!« Und alle
lachen, denn heute ist das
wieder ein Witz. Dann trinken wir
aus neuen, soliden Gläsern auf das Wohl
unseres Freundes: es ist schön, Freunde zu haben,
solange du lebst! Aber manchmal
lachen die Freunde; und du
bist der Witz. Es sind
Farbfotos. »Was!« rufe ich.
»Dieser Dicke im Sofa bin ich?
Dieses Grinsen ist meine
Freundlichkeit?« »Du solltest dich
heute sehen!« rufen einige;
und andere, die ich plötzlich
liebe, sagen: »Es ist der Alkohol,
der dich dick macht und aufgedunsen,
nichts weiter.« Das sind die Frauen
meiner Freunde. Sie lächeln mir zu,
als die neuen Bilder geknipst werden
für das nächste Jahr, und ich
lächele zurück, im Blitzlicht
voller Alkohol, schon morgens.

UNTERWEGS LERNEN, z. B. von diesen
beiden Mädchen, zirka 9–10 Jahre alt;
eine in Lederhose und Pulli, barfuß (1);
die andere im Kleidchen mit rutschenden
Trägern, in Sandalen (2).
Sie sprechen über das Sparen
und holen weit aus.
(1): »Wir leben hier seit 8 Jahren.«
(2): »Wir erst seit 2, aber ich
habe 300 Mark zusammen.«
(1): »Bei mir geht das nicht so schnell.«

Und dann kommt noch eine Sekretärin
vorbei, auf ihrem Spaziergang
nach Feierabend, eine Mohnblume
in der Hand: nicht neu, aber
gut nachempfunden.

## Ins Offene

Habe ich dir gesagt,
wie ich manchmal in die Stadt laufe,
mit der Brust eines Dreizentnermannes
und vielen hellen Stimmen eines jubelnden Siegers?
HEBT DIE ÄXTE, LEUTE,
UND LEGT DIE FINSTEREN WÄLDER NIEDER!
Hunde umspringen mich,
eitle Vögel spiegeln sich auf meiner Glatze;
aus meinen Taschen fallen Reste
alter Liebschaften.
WIE HOCH DIE BÄUME IMMER NOCH SIND –
und wie schlank und biegsam
oder wie mächtig und von Erfahrungen gefurcht,
gestandene Männer, unrasiert, mit einem eigenen Geruch:
was bin da ich als ein losgelassenes Lied?
Mit gesprungenen Lippen und geröteten Augen,
eine geballte Faust,
in meiner Erinnerung
das brausende Meer.

Dann wieder lehne ich in den wogenden Wolken,
im Himmel unserer Hoffnungen.
Hier legen sich Griechen mit ihren Bouzoukis zu Bett,
die Freiheit heißen.

Das sind die Tage, wenn ich dem Briefträger begegne
und Gedichte empfange,
warm und hoffnungsvoll,
in unordentlichen Gedanken,
zu nichts nutze als zur
LIEBE.

## AUF DEM ZAUN

Abschiednehmen heißt ein bißchen sterben.
Ich sitze auf einem alten Zaun,
voller Vogelweiß zwischen den Beinen.
Es ist ein verlotterter Bahnhof, zwei rostige Gleise.
Die Sonne scheint nach vier Tagen
Regen, ich atme langsam
und regelmäßig –
ganz wie das Gras im Wind.
Ich sehe zu dem Mädchen hinüber,
das dort im Schatten lehnt,
mit einem langen Gesicht und
langen Beinen in schwarzen Strümpfen.
Die Träume meiner Jugend.
»Verdorben« hießen sie, und morgens
roch das Bett.
Ich sehe gelbes Gras und Pusteblumen
und Menschen, die auf den Bahnsteig treten:
der Zug rollt ein, er knattert
wie bei uns alte Trecker.
Das Mädchen dreht sich weg.
Ich konnte sie nicht erkennen, aber
schön war sie.

## Cambridge Blues

Ich spiele Mundharmonika.
Das wird ein langer Abend
auf einem Doppelbett für mich allein!
Hinter mir die Hoteltür (Station Hotel),
vor mir, unter dem hochgeschobenen Fenster,
die Bahnanlagen mit Zügen,
die ankommen und abfahren.

»Sie müssen mit den Leuten sprechen.«
sagte die freundliche Engländerin,
die Koblenz und Rüdesheim kannte:
»Dann lernen Sie es.« Sie trank hastig
ihren Kaffee im Bahnhof.
»Give my Love to Germany!«
sagte sie zum Abschied.

## Beim Lesen von Reisegedichten

Ich suche einen Ton, ich stoße
eine Tür auf, mit Wünschen
glücklich. Sind wir zuhause,
wenn wir uns wiederholen können?

Von meinen Reisen komme ich zurück
zu diesem Augenblick: ich lehne
im Fenster, der Wind bläst;
und ich schreibe meine Gedichte
vom Wind, der die Haare stark macht.

Jemand trägt einen alten Blumenkasten
in den Hof, die Geschichte der Vorgeborenen.
In den übrigen Fenstern sehe ich Gesichter:
Leute wie ich, die sich für ihre Gedichte
hinauslehnen und ihren Nachbarn zusehn.

## Die Sonne scheint

Es ist Morgen. Ich öffne das Fenster
und gehe fort.
Durch den Garten vor meinem Fenster,
über die Straße, über die Häuser,
durchs Tal, den Berg hinauf
und weiter durch die kleinen Wälder,
über die Muster der Felder,
an einsamen Gefängnissen vorbei,
vorbei an erstaunten Fasanen,
über Autobahnen und Landstraßen,
rumpelnd auf Schienensträngen, vorbei
an den spiegelnden Scheiben der Gegenzüge,
unter herabstürzenden Falken und schwebenden Bussarden,
vorbei an regungslosen Rehen und Bauern,
an Kirchtürmen und verwitterten Scheunen,
nach einer Erfrischung entlang an den Flüssen und Bächen,
hinein in die Städte, an bunten Straßenbahnen vorbei,
mit schnellen Autos um die Wette
und bis an die Tür, an der ich klingele;
ich trete zurück und sehe die Häuserfront hinauf.
Es hat geklingelt;
der Briefträger ist da, mit einem dicken Brief
von einem Freund,
zu dick für den Briefkasten!

## Eine Dampferfahrt

Das Schiff fährt dahin, ohne sich zu rühren.
Kinder! Diese Touristen: in der Februarsonne
flanieren sie. Männer legen kleinen Männern
die Hand auf die Schulter. Frauen haken große Frauen
unter. ALLES KÖNNTE SO LEICHT SEIN!
Sieh, eine Nonne, sie
lehnt an der Reling, selbstverständlich
nicht allein.
Eine Schwester (vielleicht leiblich)
leistet ihr Gesellschaft (Gesellschaft leistet man,
du verstehst?).
Unter ihnen im Salon,
ohne Abenteuer, spielen Männer Karten
(»Wer eine Frau ist, bitte melden!«).
Frauen schälen Äpfel und Apfelsinen,
weil es gesund ist, Obst am Wasser zu essen.
Am Treppengeländer lehnen
Kinder; bei allem Wohlwollen
langweilig: in diesem Rauch kann ich sie nicht einmal
riechen: ihr Badewasser, die Küsse ihrer Mütter.

## DAS PFEIFEN

Auf dem Balkon beobachte ich
eine nackte junge Frau.
Zimmerleute gehn vorbei
und pfeifen.

## Besuch der Vögel

Die Vögel hinterließen im Schnee ihre Spuren,
in der sauber begrenzten Geometrie unserer Gedanken
und gesetzmäßigen Ausschweifung,
die wir verdanken unseren herrgottmäßigen Gefühlen,
in welchen Singvögel vorkommen dürfen,
aber nicht im Winter;
wenn wir unsere Lieblingsgedanken zuende gedacht haben
und ernst und mutig die weiße unschuldige Fläche lieben,
die Ebene, das Schweigen, den Wind, die Dunkelheit,
den eigenen langsamen Tod;
niemand darf eintreten und fragen:
wohin gehst du?
woran denkst du?
wen nimmst du mit?
Ganz sanft und traurig schweben die Hände im Zimmer
aller Abschiede und Zärtlichkeiten,
dunkle Augen voller Versprechen und lustige helle,
in denen die Ewigkeit kurzweilig werden sollte;
vertrauenswürdige Worte gehen bedächtig auf und ab
auf der ständigen Suche nach einer Kindheit;
über den flaumig behaarten Körper beugen sich abgenutzte
Redewendungen ohne Scham;
aus allen Ecken stürzen Parolen unerbittlich besserwissend
und messerscharf in ihrer Gerechtigkeit –
und zwischendurch steht jemand in der Tür
und unterbricht,
Ermahnungen sprechend, behutsam und drohend,
ein- oder zweimal mit tränenerstickter Stimme,
doch unbemerkt.
Schließlich verläßt du das Haus und gehst
in Telefonzellen und Postämtern aus und ein,
wählst auswendig gewußte Nummern,
schreibst altbekannte Adressen,
suchst in umfangreichen Büchern,

wirfst Karten ein;
und denkst einige Male zu oft: WOZU?
Auf der Straße fassen dich Leute beim Arm,
die behaupten, dich zu kennen,
denen du deine Wohnung gezeigt hast
und deine Lieblingsideen;
sie nehmen Besitz von dir,
fesseln dich mit ihren Sätzen
und sprechen triumphierende Einladungen aus,
als seist du schon verloren in ihrer Anbetung;
zum Abschied reichen sie dir ihre gleichgültige Hand
und schauen dich an mit geübter Traurigkeit,
so daß du denkst:
UND WER HILFT MIR?
in den träumerischen Wogen dieses Geschehens,
in der eisigen Kälte am frühen Morgen
wie in den geborgten Dämmerstunden der Sicherheit;
WER REISST MICH HERAUS?
aus diesen sinnlosen Wünschen
ohne Duldsamkeit;
WER ZERBRICHT DIESE STUMPFE WIRKLICHKEIT?
die endlose Wiederholungen verlangt.
War das schon immer wahr?
Wurde das schon immer angeboten?
in vorgefertigten Worten und Bildern;
niemand hat ein Herz, das bricht
melodramatisch,
aber viele geben dafür ihr ganzes Geld,
eingefangen in den Netzen der schönen Verführung,
dressiert auf die vorgezeichneten Felder des Wettbewerbs,
ausgeliefert den Pfiffen der göttlichen Linienrichter
und dem mißgünstigen Atem der Menge:
WOZU?

wenn selbst die Fragen und Waffen der Verteidigung vorbestellt
    sind
und die Götter der Kaufhäuser sitzen zu Gericht
und zaubern deine Träume und Wünsche aus den Taschen,
in denen Vögel durch den Schnee trippeln unter der Überschrift
»Auch die Spatzen treiben Wintersport.«
Welche Hoffnungslosigkeit,
wenn es nicht Singvögel wären,
die dieses Jahr hier blieben
und deren Spuren im Schnee wir fortkehren,
nachdenklich und stark.

# IV. Liebesgedicht aus einem Wolkenkratzer

## Stimmen im Dunkeln

Das Bett ist nicht breit genug,
die Decke zu wenig für zwei.

In einer kleinen Notwehr
sprechen wir miteinander.

Und hören unsere Stimmen;
wie sie klingen.

## Hochschulpoesie

AUF EINMAL
war er Professor.
Seine Frau habe ich
GELIEBT –
ein Wort, über das wir
SCHWEIGEN.

Wenn er heute mit einer Studentin
DASTEHT,
fliegen wahrscheinlich Tauben
HOCH
um irgendeinen Kirchturm.
Seine Frau streicht das Haar zurück
und lacht das Lachen
einer Professorenfrau.

Aus meinen Augen
werden einige unsterbliche Vögel
AUFSTEIGEN.

## Nach deiner Abfahrt
(für G.)

Als die Rücklichter deines Autos
aus meinen müden Augen
hinter dem Eckhaus verschwanden,
heute abend, nach deinem Besuch, begann ich
an deine Großmutter zu denken,
die ich mir vorstellte mit einem Haarknoten
aus Pferdehaar und mit harten Röcken:
bis an die Fesseln,
die sich für fremde Bauern
krummlegen mußte,
wegen der unentgeltlichen Beköstigung
auch deines Großvaters,
eines wandernden Maurers
auf ausgedehnten Feldern,
in neuer Luft, abends
bei ihr.

## Vom Nutzen der Liebe

Es wäre schön, die Kinder studierten
das Lesen und Schreiben an den Liebesbriefen
ihrer Eltern.
Sie buchstabierten, sie schrieben ab,
sie hätten zum Lückentest Wörter
zu finden.

Es wäre schön, auch für die Eltern,
die bisher vergessen haben,
Liebesbriefe
zu schreiben und zu lesen, und die nun
um die Bildung ihrer Kinder
besorgt sind.

## Empfang des Abschieds

Heute erhielt ich einen Brief.
Der Postbote klingelte und überreichte mir
deine eingeschriebenen Ansichten und Gründe.
Fast sicher und wenig erstaunt, unterschrieb ich
die Quittung.
Der Morgen verging; es wurde Mittag;
und so verstrich der Abend.
Ich habe deinen Brief gelesen, immer wieder,
bis ich ganz einverstanden war mit dir
und dir nun ebenfalls Lebewohl sage
am Ende eines Tages, an den ich mich
nicht anders werde erinnern können
als an deinen Abschied.

## Nachsatz zur Liebe
(für R.)

Es hat mich schon früh gewundert, wie viele
von ihren Erfahrungen mit der Liebe so allgemein
sprechen und sagen: »Frauen« und: »die Frauen«.
Und nichts kommt danach als die Pause zum Nicken.

Aufgezogen in guten Taten und frommen Wünschen,
fiel mir die Verallgemeinerung schwer, als ich
das erste Mal riechend von einem Mädchen kam,
unsicher in neuen Erfahrungen und alten Geheimnissen.

Immer wollte ich protestieren in Kneipen,
wenn es hieß: »Frauen wollen gefickt werden
sonst nichts« und: »die Frauen wissen von
gar nichts«; und nachher trafen sie ihre Frauen.

Doch wenn ich sprechen wollte, mit treuen Augen,
lachten sie und sagten: »das Leben ist zu kurz
für Feinheiten.« Und ich bin nicht dazu
gekommen, meinen Standpunkt zu vertreten.

## STRASSENBAHNGEDICHT

Als ich von dir kam,
schrieb ich dies Gedicht auf.
Von meiner Fahrt in der Straßenbahn,
wo ich neben einem Mädchen stand
in einem Lodenmantel,
das warm roch und nach Liebe.
Sie sah müde aus, genau wie ich.
Zufrieden sahen wir unser Bild
in den spiegelnden Scheiben,
während wir von Station zu Station
fuhren. Die Straßenbahn wurde immer leerer,
aber wir
blieben dicht beieinander stehen.
Wir gehörten zusammen, wie wir da
gleich groß und ruhig in der Scheibe standen;
und die Fahrt endlos dauern konnte.

## Vor dem Schlaf

In der letzten Stille der Nächte zu allen Sonntagen,
nach dem Gespräch,
das ich beendete durch Aufmerksamkeit
ohne Worte,
das du beendetest durch deine Meinung
ohne Ende,
fuhr ein Motorrad über uns hin,
von vorn, wo unsere Straße beginnt,
bis hinten, wo unser aller Wald steht.
Was aus Glas war im Haus, zitterte;
und du lehntest dich zurück
mit deinen Gesicht,
mit meinen Gedanken;
und ich lehnte mich zurück,
allen morgigen Spaziergängen entgegen:
du warst leer gesprochen für heute,
ich hatte dich zuende gehört,
und wir beide müssen eingeschlafen sein.

## An eine alte Freundin

Auf einem Bild von dir und mir
stemmst du deinen schmalen Kopf
an meine Schulter wie ein junges Pferd.
Als wolltest du deine Nase reiben
und dann dein Haar hochwerfen
und glücklich schnauben.

Ganz überrascht war ich,
als ich unten auf dem Foto sah,
wie du mit dem linken Fuß
im Kies des Parkweges zu scharren scheinst.

Und tatsächlich ist dein blaues Auge,
mit dem du nach unten aus dem Bild siehst,
braun und groß und treu.

# Caruso

Wie kalt ist ein sanftes Mädchen.
Morgens schon liebt sie dich
gleichmäßig;
ordnet sie deine Wäsche,
setzt das Kaffeewasser auf.
Sie geht immer aus dem Weg:
wo bist du?
Nirgends stößt du an.
Da ist kein Wort, das weh tut
so früh; und immer schaut sie
zu dir irgendwie.
Als hättest du Socken an,
die gestopft werden müssen,
oder grüne Unterwäsche –
und sie weiß Bescheid.
Wenn du es nicht magst,
faßt sie dich nicht an.
Aber sie schaut traurig aus
dabei.
Und kochen tut sie sehr solide;
waschen und plätten kann sie auch.
Abends bestimmst du,
wann ihr zusammenrückt und
wann nicht.
Alles geschieht mit ihr
nach deinem Wunsch.
Warum also so ungnädig?

## ALTE LIEBE

Heute bin ich erwacht bei Anbruch
der Nacht.
Der Mond ging auf, rund und blaß,
während ich ein Brötchen
in deinen kalten Kaffee tunkte.
Und manchmal las ich
längs den Strichen
in deiner Morgenzeitung.
So könnte ich weiterschwimmen
durch mein schnelles Leben.
An den Ufern stehen winkende
Leute in bunten Pullovern,
die in die kalte Luft atmen.
So kalt ist es,
und das Wasser Eis.

# Romantische Literaturgeschichte

Seit zwei Stunden verstehe ich Kafka.
Ich habe mich einem Mädchen verlobt: sie las
Pablo Nerudas Memoiren. Ich verschlang sie
mit meinen Plänen für sternklare Geschichten.
    Unter uns: seit hundert Jahren
    ist sie zu sehen am Arm
    der Reichen, mondän, das Haar im Tuch,
    duftend wie der erste Mai,
    der neuen Mode
    diskret folgend,
    ein Platz
    zum Ausruhen
    von allen verändernden Wünschen.
Der Bus war voll von den Blicken
hin zu ihr: weinte sie?
Ich suchte ihr Lächeln
noch als sie das Buch schloß und ausstieg
und mit langen Botenschritten
in die leuchtende Nacht davonging.

## Liebesgedicht aus einem Wolkenkratzer

Es wieder getan zu haben,
zum 1287. Mal, oder weißt du
es besser? Ich sehe dich,
über die Schulter: nackt, die Mulden
in deinen Oberschenkeln, sie sind größer
geworden, ich liebe dich –
wie du da stehst am Waschbecken,
auf diese ganz leise Art, wenn der
Schnee fällt, in amerikanischen
Weihnachtsfilmen, alle Leute sprechen
miteinander und einige durcheinander;
so lange, bis jemand die Lampe umwirft,
und wir in unseren Zimmern erlöschen,
noch immer sanft, wir waren dabei
bis zuletzt – jetzt höre ich das Wasser
plätschern: du wäschst dich, nicht
so flüchtig, so versteckt wie zuerst.
Ist es nicht schön, zu diesen
ruhigen Bewegungen zu finden,
in denen wir uns zuhause fühlen?
Noch durch die Zimmerdecke
spüre ich die Menschen ein Stockwerk
höher: sie gehen leise über meinen Kopf,
während draußen die Laternen flackern
und aufleuchten – jetzt beginnt der Sonntagabend
mit deinem Lachen, oh, du lachst, und ich
fühle die Tropfen von deinem Waschlappen
spritzen und auf meinem Rücken landen,
als ich das Fenster öffne.

## Im Rücken deiner Träume

Warum freut mich das Singen
der Vögel?
Warum höre ich noch das Kreischen
der Kreissäge?
Warum geht mir zu Herzen,
was du nicht sagst?

Die Wälder erheben sich unter dem Wind
und sprechen.
Ein Vogel fällt tot aus der Luft
und will begraben sein.
Nachts, im Rücken deiner Träume,
liege ich wach.

GIBT ES HEIMLICHE SÄFTE, die sie
trinken: duftende Margeriten, weiße
Schattensterne, einen Sommer lang stolz,
worauf? Ich wollte, ich wäre ein Gnu
oder würde Okapi genannt, überraschend
von einer Frau; ich könnte Fingerspitzen
an ihre Ohren legen und zärtlichen Duft
ausströmen; der Schlaf fiele sanft
auf uns, und unter unseren Blicken
entfalteten wir unsere Schönheit.

# V. Einfälle

## Einfälle

Auf den Knien das Oktavheft, notiere ich
Einfälle. Im Wind rieche ich alte Mieten,
frischen Klee. Ich schließe die Augen.
Über mir trällern Lerchen, steigend,
fallend. Ich weiß
Kinder vor mir, die um die Wette radeln.
Sie schnaufen.
Ich wollte, ich hätte viele schmiegsame
Gedanken.

## 29. Dezember

Einen verrußten Ölofen zweimal
entzündet; mit der Post eine Antwort
auf ein altes Buch erhalten; über die
umherliegende Unterwäsche meiner Frau
gespottet;
als das Fenster zum Lüften
aufsprang, sah ich, sprühend
und weiß, den Wald.

## Country-Morgen

Einer von diesen Country-Morgen
im frischen Hemd, das ich zuknöpfe.
Jeder Knopf die Note eines Lieds.
Die Sonne scheint hier und da; ich
fröstele, weil es kalt werden könnte,
so kalt wie in dem Blick aus dem
Nachbarhaus. Ich wiege meine Schultern:
ein Solo; ich atme in meinem alten,
saubergewaschenen, bleichen Hemd.

## O Ruhe nach dem Mittag

O Ruhe nach dem Mittag,
lange, beengte Pause vor dem
Abend. Windpocken hinter geschlossenen
Fenstern; Straßenlärm im Treppenhaus nach
Büroschluß. Wenn der Kopf sich
ausdehnt.

besser: rausgehen und holzhacken, neben
dem Seilspringen der Kinder; ein aufgebocktes
Motorrad ansehen, von allen Seiten, »Au Mann«
sagen, als wär's vor zwanzig Jahren.

Ich habe nie gesagt: »Ich liebe
dich«, ohne mich zu schämen, ich weiß nicht
wofür. Mir fehlt die Stimmung am Meer,
wenn alle im Wind stehen und etwas
tun, während sie reden. Diese kleinen Anstrengungen
müssen wir lernen, wie einen Katechismus

## Wo warst du all die Jahre?

————————————————————————————Wir
Riesen, allein, aber im Superlativ
des Madison Square Garden: K. O.
in der letzten Runde; die Betreuer benetzen
unsere Handschuhe mit ihren Tränen:
Baby, du mußt explodieren!
                        Es redet in uns, es ist
physisch, ein Chor aus dem großen Kühlschrank.
Es verträgt kein Zwinkern, keinen isolierten
Flötenton; und die Stille, wenn der Wind weht,
kommt spät auf, am Ende des Films, wenn
vor der Leinwand eine andere Generation
aufsteht.
        Ich denke an Wörter, ohne Folie, genauso
wie sie jemand (irgendwer) verlassen hat,
hochgehoben, ausgelüftet und
wiederverwendet.

## VORARBEITEN IM GARTEN

Weißblau im Aufblick, die erste Ahnung
vom Frühling, einen langen Tag
lang Gesang; – dann nichts als Grau
Verhangenes, ein verschwimmendes Bild
aus mutlosen Farben, das Immergrün
und das Immerbraun der Lebensbäume
in den Vorgärten, sauber geordnet
für trockene Blicke hinaus und Ruhe
hinter Gardinen. Warum leiden, fragt
der Nachbar und gräbt, nein, reißt sie
heraus, die Friedhofsbäume und ihre
gierigen Wurzeln. Mit Hacke, Schaufel
und bloßen Händen. Den größten besiegt
ein Trecker.

## Wir renovieren!

Von meinem Arbeitsplatz sehe ich
die geborstene Wanne,
voll mit hartem Mörtel, überschneit halb,
halb im Schutz eines vorgezogenen Dachs –
ein verlassenes Zeichen der Veränderung: das Haus
war alt, zusammengebaut aus roten Backsteinen,
aufgeschichtet zu kleinen Erkern und Türmen;
eine Wetterfahne knatterte oben im Wind, wie
lange? stolz über den rundlichen Schindeln
aus Schiefer, grau wie die Vorzeit, aber Wärme
und Trockenheit spendend. Ein kleiner Teeraum
war dort: hinter dem Turmfensterchen, für
die Bediensteten, die ihre Pausengeschichten
erzählten, von den gefallenen Söhnen, wie Helden,
vom Schimmel der Herrin, im Garten begraben,
mit viel Herzeleid – ich sehe ein kleines
warmes Haus, zugepackt gegen Andere, Fremde;
im Duft von Astern und Rosen, den kleinen,
Buschwindrosen. Ein Fleckchen auf Erden. –
Nun mit großen Basaltquadern ausgebessert, mit
großen Fenstern nach allen Seiten geöffnet, endlich,
für das Licht, durchbrochen zu großen Räumen.

## Ich bewundere die Teetrinker

Ab und zu geht es mir gut;
ich sehe aus dem Fenster
den Schnee schräg fallen
und denke: du sitzt aufrecht,
unbeeinträchtigt vom Wind und von
Niederlagen. »Ab und zu«
ist eine schöne Redewendung:
sie zwingt zu nichts. Und »schön«
nennen wir Redewendungen, die uns
nicht mißmutig machen.
Wieviel brauchen wir, um ein
kleines Glück zu sichern? – Dann
gleich das große versuchen,
lehren die Teetrinker, während sie
schlürfen.

## Ein Zuhause

Die Dohle auf dem Dach, in der Dämmerung,
aufgeplustert, ein gefiedertes Gähnen.
Irgendwo ruft jemand und raucht
eine Zigarette zuende, »seine« Zigarette.
Ein Abend, ein Zuhause, für das niemand
Umstände machen muß oder
einen Bauch kriegt, zwischen
zwei Zeilen oder vor einem
Stolpern, mit einem bleichsüchtigen
Himmel, der beim Näherkommen
dunkel wird. Etwas unendlich
Augenblickliches, aber in Frieden.

## Die Morgenmenschen

Stadtluft macht frei: hier bin ich!
Doch die Bewohner in ihren begehbaren
Zonen, sie schließen mittags ihre
Gesichter und schieben sich atemlos
aneinander vorbei. Lebendig sind die Dinge
in ihren Plastiktüten: Platten, vollgepreßt
mit erwärmenden Liedern; Bücher, eng bedruckt
mit freundlichen Lauten oder auch Lust-
schreien; der zuckende Karpfen zum Neuen Jahr.
Morgens nehmen diese Bewohner hingehauchte
Grüße entgegen, von ihren Nachbarn, die ohne
Plan handeln und niemand zu nichts
überreden wollen, nur eben hinhauchen,
was kurz zuvor verschlafene Küsse waren,
und dabei lächeln, als hätte der Morgen
den Wechsel der Nacht eingelöst – wie
harmlos sind Bankgeschäfte als Metaphern!
Und wie folgenlos dem eiligen Nutznießer!
Dies müssen die Morgenmenschen
spüren: sie quittieren das Lächeln der
Nachbarn mit einem eigenen, ungedeckten
Hauch und gehen erleichtert weiter, in neuen
Socken, aber frei?

## Abends. »Briefschaften«

Die Lampe vor der Stirn. Gelber Ball.
Das altmodische Kratzen der Feder.
Ich falle durch die Maschen. Sehnsucht
macht schlank und glatt, flüchtig
im Arm: wo ich gern bliebe.
Jemand schraubt einen Füller zu
und liest das Geschriebene. PST.
Er kniet vor sich.
Freundschaften, in denen wir uns
verlassen fühlen, so weit her-
gebracht, gestückelt.
Wie gesagt: ich entschlummere,
sauber gescheitelt, sonnenüberschüttet.

## »Ich gebe dir die Welt«

Ein Schäferhund,
im Autoheck vorbeigefahren.

Überall warte ich auf die Sekunde
des Weiteratmens.

Die Lerche in den Lüften, allein
noch unbewaffnet.

Zitat aus einer
glücklich zusammenhängenden Zeit.

KURZWELLENSTRAHLEN. Wärme
in meinem Nacken. Das Nicken
wird mir leichtfallen, das
Kopfschütteln, wie früher.
Mit spitzen Fingern aufgenommenes
Wort: »Morgen«. Blaue Augen,
blauer Himmel, Lockenkopf.

NICHTS ZWINGEN. Zweig im Wind
ist genug. In Farbe: grün-braun
plus Luft. Ausatmen, die
Scheibe beschlagen, weißgrau.
Ich könnte »verschatten«:
ein Gedanke im Laub, tiefunten,
raschelnd, auskühlend: die Luft
gesprenkelt von Todesflecken.
Hier blättere ich um.
Alter Mann überquert die
Straße, sehr schräg, sehr langsam.
Ich stoße das Fenster hinaus und
murmele über hellroten, braunroten
Dächern: vor mir verludert das Dorf;
die Flügel schlagen an.
Wohinein die Unruhe schreien, daß
sie dort bleibt und sich vergißt?
Nichts zwingen. Tauben durchfliegen
mich, sehr langsam, sehr graublau,
sehr ungenau.

## Die Frau des Försters

In der feuchten Dämmerung hockt sie
im Garten, lehmfarben wie die vergangene
Nacht, jätend das Unkraut, die kleinen
täglichen Schrecken.
Morgens, zum Pausengeschrei der Schulkinder,
wenn der Briefträger Haus für Haus näherkommt,
ausatmend, aufatmend in einem Zug, fühlt sie
sich schlicht, als könnte sie fortschlendern,
die Hauptstraße entlang und zu Nachbarn,
um ein freundliches Gesicht zu zeigen.

## IM WINTERGARTEN
(für U.T.)

Ein kleiner Raum, groß genug.
Die Azalee steht hier, rot
und fröstelnd; der wilde Wein
kämpft gegen die rote Spinne;
fürs Sonntagmittagessen wächst
die Petersilie. Jeden Morgen,
wenn ich eintrete, duften die
Winteräpfel aus ihrem Korb.
Ich nehme einen und freue mich,
daß hier die Sonne sich fangen läßt.

## Frühlingslied

Es ist wahr, der Frühling ist da!
Das Rotkehlchen bläht die übermütige Brust, als gehöre der Garten
ihm. Die Kinder lassen die Mützen im
Schrank und wandern zu Abenteuern
im fernen Rebhuhn-Gesträuch. In den
Lüften streiten sich Krähen und
Baumfalken um günstige Hochsitze. Und hier unten, in den Stuben,
das muß gesagt werden, öffnen die Herzkranken die Fenster und blasen ein
bißchen die Backen, die Fanfare,
vielleicht fürs allerletzte Jahr.
Ist es wahr, ist der Frühling
hier? Ein ländlicher Frühling, über den
klumpige Wolken dahinfliegen, sich auflösen oder Wasser herablassen, ganz
nach Verdienst? Wer hofft, wäscht
die Fenster; wer im Mißmut nistet,
zieht die Gardinen beiseite und zeigt
sein Gesicht, das winterliche, damit es
die Nachbarn noch einmal fröstele.

## Beim Aufblicken ein Leben zu zweit

Der fahle Sonnenschein nach einer Regennacht;
gesüßten Kaffee, keine Milch (wie du);
das Sinnen über einem Honigbrötchen
(Geschichte einer Kleewiese, die wir kennen!) –
Warum denke ich beim Aufzählen dieses
einfachen Lebens: ich bin übermütig? Und
warum soll die Wahrheit immer aussehn wie
quaderförmige Basaltsteine, Grau in Mörtelgrau,
wie Kraniche über dem Haus, wer weiß wo, oder
wie Lebensbäume, immergrün in Vorgärten und
auf Friedhöfen?

# VI. Einige Oden

## ODE AN MEIN NÄCHTLICHES KLO

O aufgeschlagenes Fenster, o weite dunkle Ebene;
o Duft des Buchsbaumes unter mir, langsam steigst du
an meine Nase, die kalt wird von der Nacht, wie die
Nieren, wie der Hintern.
                      Gefräßige, rülpsende Stille,
Stunde des Wasserlassens vor den Kneipen, des lallenden,
sorglosen Redens.
                      Freunde ziehen sich aus jetzt.
Ich höre das Flüstern der Frauen, das Knarren der
Matratzen. Ich höre den verzweifelten Schlaf der
Gefangenen, das zögernde Blättern in einem einsamen
Buch. Die Ernte war oder wird sein. Die Gedanken nehmen sich
Zeit und verweilen, die Luft nimmt sich Zeit und sinkt
auf die Spuren des Tages. Sie streicht mir die Stirn
glatt. Sie spült meine Augen. Sie macht meine Lippen
weich.
                O Knacken in den nächtlichen Wänden, wenn ich das
                                          Haus
leben höre; o hallender Ruf: ich komme!

## ODE AN EIN ABZEICHEN

Von meiner Mutter wiedergefunden, winziges
Zeichen einer aufgeräumten Kindheit, mit Lächeln
gegeben und genommen: O Abzeichen eines Sommers,
25 Jahre alt, vorgesehen für einen Anorak,
den es lange nicht mehr gibt. O harmlos
stilisiertes Bild, Mittenwald mit Karwendel (2384 Meter),
auf rotem Grund, romanisches Kirchenfenster,
farbig; das Rot, Blau und Grün, das bißchen Gelb,
sie sind matter geworden, eine nicht benutzte
Trophäe, Erinnerung an warm getrunkene Kuhmilch,
morgens und nachmittags, an weißen Lebertran, mit
großen ovalen Eßlöffeln eingenommen, einen Mundvoll
vor dem Essen – und dann weiteressen mit dem Löffel!
An einen eisernen Bumerang, der ausrutschte und
die Stirn eines Kameraden traf, Blut und Schluchzen.
Erinnerung an ein furchtbares Bettnässen, der riechende
Fleck unter der Bettdecke, eine Woche lang, bis zum
Wechseln. Und an ein Mädchen mit Kuhaugen, die noch
bei geschlossenen Lidern zu sehen waren, wie Leuchtfeuer
in der Dunkelheit: begann dort ein Traum?
O Abzeichen, Verlernen der Hochsprache, fremdgewordener
Geruch der Mutter, sechs Wochen allein gewaschener
Körper, O erste Haare am Geschlecht, Geschmack der
Seifenlösung im Mund: ich wollte euch nicht
auf einem Anorakärmel zeigen.

## Mein Wind

Nicht der Wind aus Papier, die Windstärken
auf Schautafeln, gebraucht in Schulen,
hinter Wänden. Der Wind, auffrischend vor den Türen,
Botschafter aus allen Himmelsrichtungen,
an den Fenstern rüttelnd, Heulen an scharfen
Ecken, der den Rauch von den Schornsteinen treibt,
die Schirme hochwirft, kleine trudelnde Inseln
in der Luft, Gegner des Smog, Antreiber der Wogen,
der die Ziegel aus den Dächern reißt und Körnchen
in die Augen bläst und zu Tränen reizt, die nicht
lügen, dies Kommen und Gehen von Geruch, ein Hauch,
Blätterrascheln, wohin die Gedanken fliehen, Zittern
der Wetterfahnen und gelassenes Schieben der Wolken;
mein Wind, angekündigt von Stöcken und Vogelnestern,
die er vor sich hertreibt, von zerzausten Hunden
am Straßenrand, von fernen Stimmen und nähereilendem
Gesang.

## ODE AN VORBEIFAHRENDE FRAUEN

Frauen, die in ihren Autos vorbeifahren,
allein neben ihren Handtaschen, auf Land-
straßen, mittags und abends, auf Hin- und
Rückwegen, zu Kindern, von Freundinnen, durch
stille, vollgeparkte Vorstadtstraßen; allein
im dunkel blitzenden Chrom, umgeben von leeren
Polstern; vom Sonnenlicht getroffen und hin-
getupft vor grünende Chausseebäume, allein im
aufgeknöpften Trenchcoat, das Haar im Wind, der herein-
greift ins Auto, eine herrische Hand; O Frauen,
O Wogen aus reinem Blau, empfangen am Straßen-
rand, O Niederknien vor einer hastigen
Liebschaft, aufleuchtendes Gesicht, verhaltener
Schritt, Aufprall süßer Verlorenheit, Nachschmecken
von Kaffee und Zigaretten: O wunder Rachen über
wundem Herzen, Nase, die keine Heimat hat im Gesicht
eines andern.

## ODE AN DEN LANDREGEN

Regen für die abgebrannten Felder,
Regen für das aufgesprungene Land und
die Ameisen; Schnürregen, ein Sommertagstraum,
bei geöffnetem Fenster, duftender Strom.
Regen über häßlichen Garagen aus Wellblech,
farblos, zu; ich will nie wieder den Regen
verraten, dies hemmungslose Tropfen, das
den Stein höhlt, das Gefieder der Vögel struppig
macht und wieder glänzend, dies Grau in Grau,
das die Augen schont und den Herzschlag
beruhigt, die Gewißheit, der Lesefrieden,
das zeitlose Aufblicken. O Regen,
O gleichförmig strömender Regen, das Land
wird weich und glatt durch dich, du färbst
die Blumen neu, du beugst die Blätter, bis es
von ihnen rinnt, friedfertig, unaufhörlich,
um mich herum, in mich hinein: O duldsamer
Regen, unter dem die Haare wachsen und
die Uhren beschlagen, nimmermüde, schläfrig,
ein Bote der nassen, gewendeten Kissen,
der Vorfreude, des Aufseufzens, der unendlichen
Gesänge. O Regenbogen!

# Inhalt

*I. Ein Teil der persönlichen Geschichte*
Es gab Erdkundestunden   7
Top Twenty   8
Bauarbeiter   9
Lehmann trifft keine Schuld   10
Abendstille, überall   11
Ein Teil der persönlichen Geschichte   12
Die Stille von Ozeanen   13
Unter alten Bekannten   14
Leben und Sport   16
Unangefochten   17
Der längste Tag   18
Snooks Eaglin auf Platte   20
Ein öffentliches Gedicht   21
Die Post verändert uns   22

*II. Das Zittern im Alltag*
Herakles Logothetis   25
Die Karriere junger Wissenschaftler   26
Kleine Nachtmusik   28
Ein Nachmittag zwischen dem Hausmeister und mir   29
Sonntag, 17. Juni 1973   30
Anfang einer Geschichte als Gedicht   31
Überall Fronten?   32
31. August   33
Nachdenken über Brecht   34
Elegie in den leeren Straßen   35
Das Zittern im Alltag   36
An diesem Abend bin ich rein   37

*III. Unterwegs lernen*
Ruhiger Tag   41
Gute Menschen unterwegs   42
Baustil   43
Ein älterer Urlauber   44
Männer mit Tauben   45
Eine Reihe von Festtagen   46
Unterwegs lernen   47
Ins Offene   48
Auf dem Zaun   49
Cambridge Blues   50
Beim Lesen von Reisegedichten   51
Die Sonne scheint   52
Eine Dampferfahrt   53
Das Pfeifen   54
Besuch der Vögel   55

*IV. Liebesgedicht aus einem Wolkenkratzer*
Stimmen im Dunkeln   61
Hochschulpoesie   62
Nach deiner Abfahrt   63
Vom Nutzen der Liebe   64
Empfang des Abschieds   65
Nachsatz zur Liebe   66
Straßenbahngedicht   67
Vor dem Schlaf   68
An eine alte Freundin   69
Caruso   70
Alte Liebe   71
Romantische Literaturgeschichte   72
Liebesgedicht aus einem Wolkenkratzer   73
Im Rücken deiner Träume   74
Gibt es heimliche Säfte   75

*V. Einfälle*
Einfälle  79
29. Dezember  80
Country-Morgen  81
O Ruhe nach dem Mittag  82
Wo warst du all die Jahre?  83
Vorarbeiten im Garten  84
Wir renovieren!  85
Ich bewundere die Teetrinker  86
Ein Zuhause  87
Die Morgenmenschen  88
Abends. »Briefschaften«  89
»Ich gebe dir die Welt«  90
Kurzwellenstrahlen  91
Nichts zwingen  92
Die Frau des Försters  93
Im Wintergarten  94
Frühlingslied  95
Beim Aufblicken ein Leben zu zweit  96

*VI. Einige Oden*
Ode an mein nächtliches Klo  99
Ode an ein Abzeichen  100
Mein Wind  101
Ode an vorbeifahrende Frauen  102
Ode an den Landregen  103